AF232339

PARTI SOCIALISTE (S.F.I.O.)

CONFÉRENCE

du Citoyen

JEAN JAURÈS

AU GRAND-THÉÂTRE DE NIMES

Vendredi 4 Février 1910

STÉNOGRAPHIÉE par MM. S. HALBWACHS et E. ROZIER, de Nimes

NIMES

IMPRIMERIE COOPÉRATIVE "L'OUVRIÈRE"

4, Rue Grizot, 4

1910

PARTI SOCIALISTE (S.F.I.O.)

CONFÉRENCE

du Citoyen

JEAN JAURÈS

AU GRAND-THÉATRE DE NIMES

Vendredi 4 Février 1910

STÉNOGRAPHIÉE par MM. S. HALBWACHS et E. ROZIER, de Nimes

NIMES

IMPRIMERIE COOPÉRATIVE "L'OUVRIÈRE"

4, Rue Grizot, 4

1910

PARTI SOCIALISTE (S. F. I. O.)

CONFÉRENCE

du

Citoyen Jean JAURÈS

au Grand-Théâtre de Nimes, le Vendredi 4 Février 1910

CITOYENNES, CITOYENS,

Moi aussi, je veux, après nos amis, témoigner aux militants socialistes du Gard et de la région du Gard, à ceux des villages comme à ceux des cités dans quelle joie me plonge le grand, l'admirable effort qu'ils développent ici depuis quelques années. Je sais quelles sont les forces vives sur lesquelles ils ont pu s'appuyer. Je sais qu'à côté de ces urbains dont Compère-Morel parlait tout à l'heure, il y a dans le Gard une admirable démocratie paysanne qui, à côté de la passion de l'indépendance politique si nécessaire, a la passion de l'indépendance économique. Mais quelles que soient ces forces, quelles que soient ces ressources de combat, nos camarades auraient fléchi devant les tristes défections dont on a parlé tout à l'heure, s'ils n'avaient pas eu au cœur une admirable vaillance de combat.

Je me demande combien puissant serait le mouvement de cette région si ces défections ne s'étaient pas produites. Eh bien, je ne viens pas ce soir faire appel à ceux des élus qui pour des raisons ou mesquines ou détestables se sont séparés du grand et large Parti où il y a place pour toutes les bonnes volontés socialistes ; mais je viens dire à tous les travailleurs, à tous les ouvriers, à tous les paysans, à tous les démocrates, j'ajoute à tous les républicains qui comprennent le vrai et plein sens du mot République : c'est autour du drapeau de la République Sociale que vous devez désormais vous rallier.

Je le répète, il y a place dans le grand Parti Socialiste organisé pour toutes les pensées vraiment libres, pour toutes les consciences vraiment loyales, pour toutes les bonnes volontés qui veulent l'émancipation des hommes. Jamais, citoyens, dans l'Internationale ouvrière qui comprend les socialistes organisés de tous les pays, jamais il n'y eut à la fois plus de netteté dans les principes, plus de souplesse, de liberté et de variété dans l'action d'aujourd'hui. De plus en plus, le socialisme de tous les pays a à faire face à une tâche grandissante, à un double et immense devoir.

*
* *

D'abord il faut qu'il propage et il propage en effet l'idée, la formule de l'émancipation des hommes. Il dit aux travailleurs, il dit à tous ceux qui souffrent : il ne suffit pas de vous plaindre ; les révoltes instinctives seraient inutiles, seraient stériles, si elles n'étaient pas guidées par une idée. Il dit aux hommes de bon vouloir qui gémissent parfois de la misère des hommes : Il ne suffit pas de déplorer les souffrances humaines, il ne suffit pas de gémir sur les maux de la société d'aujourd'hui : il faut concevoir, il faut préparer une Société nouvelle fondée sur un principe nouveau. Et ce principe, c'est la souveraineté de l'homme, oui, la souveraineté de l'homme.

Jusqu'ici l'homme a été captif des choses, il a été captif des formes successives qu'a revêtues la propriété brutale. Il a été captif de la domination de la propriété terrienne, il a été captif de la domination de la propriété capitaliste, il sera esclave, il sera assujetti tant que la force dominante dans la société sera la force de la propriété ; mais il ne sera libre que lorsque l'homme relèvera de lui-même, et l'homme relèvera de lui-même dans son travail lorsque l'homme sera libre, maître de lui-même, dans son travail, dans sa vie profonde.

Ce n'est plus aujourd'hui le petit outil de travail dont il s'agit, c'est l'outil devenu colossal, les roues de la locomotive le mécanisme gigantesque des filatures. Comme aujourd'hui l'outil devient de plus en plus énorme, collectif, social, il ne peut plus être possédé individuellement, il ne peut plus être partagé en morceaux, il ne peut être possédé que par la propriété collective.

C'est donc dans la propriété collective des instruments de travail la seule libération.

Voilà ce que dit dans tous les pays, d'une même parole forte et claire, le socialisme international. Et en même temps qu'il propage ainsi la claire idée de justice sociale il lutte contre la guerre. Il ne se borne pas à prévoir l'hypothèse tragique où, contre la folie des Gouvernements déchainant l'orage, le meurtre, le prolétariat de tous les pays se soulèverait révolutionnairement. Il étudie, jour par jour, heure par heure, il surveille les manœuvres d'où peut sortir soudain la surprise de la guerre. Mais en même temps que le socialisme de tous les pays lutte contre le capitalisme, il lutte contre la guerre.

En même temps qu'il affirme par dessus toutes les frontières ses idées, il sait bien qu'il ne peut mener la bataille, qu'il ne peut conduire son action que dans le milieu politique et social qui l'environne. Il sait bien qu'il est obligé de prendre pour point d'appui dans sa bataille la réalité politique et sociale, diverse et multiple.

Les églises, quoiqu'elles proposent aux hommes des fins surnaturelles, sont obligées de s'adapter à la diversité des milieux et d'évoluer selon les vicissitudes des temps.

A plus forte raison le Parti Socialiste, qui n'est pas une église et qui propose aux hommes non pas une sorte de joie surnaturelle, hors de l'espace et du temps, mais la justice, la joie dans la réalité humaine d'aujourd'hui, à plus forte raison est-il obligé de conduire son action selon la diversité des lieux et des moments.

Voilà comment le socialisme international, en même temps

qu'il propage ces grandes idées, est un parti politique, un parti d'action continue, un parti de réalités ; et j'avais le droit de dire tout à l'heure que jamais l'Internationale ouvrière n'a mis dans sa conduite et dans sa méthode d'action, plus de souplesse, plus de liberté, plus de variété, plus de vie, qu'elle n'en met aujourd'hui.

Ce sont les Socialistes russes qui, après la periode dramatique des sacrifices admirables, aident aujourd'hui les socialistes démocrates à la Douma, en ce que du moins ne soit pas éteinte la dernière petite flamme de liberté qui survit aux répressions du tzarisme.

En Autriche, c'est la démocratie socialiste appliquée depuis des années à une œuvre politique immédiate, c'est la démocratie socialiste autrichienne, conquérant, imposant le suffrage universel ; et quand elle l'a conquis, quand elle a obtenu l'élection d'un premier Parlement au suffrage universel, veillant à ce que des compétitions misérables des nationalités rivales qui déchirent l'Empire Hongrois ne réduisent pas ce parlement nouveau à l'impuissance et ne rendent pas la parole à la dictature. Et c'est ainsi que les socialistes autrichiens ont voté, pour échapper à l'obstruction des partis chauvins, l'argent du budget, montrant ainsi que c'est dans les partis qui ont la plus claire idée de la patrie, qu'est la plus grande vigilance pour protéger, pour développer la liberté présente.

L'Espagne, c'est par l'esprit politique et socialiste animant à la bataille les républicains qu'elle sera arrachée un jour prochain, je l'espère, à la vieille tyrannie monacale et militaire qui a fait récemment verser le sang de l'Innocent.

En Angleterre, à quelle tâche complexe, à quelle œuvre difficile va se vouer le parti du travail ? Vous avez suivi les péripéties de la grande élection anglaise. Le parti libéral revient avec 276 élus, le parti unioniste ou conservateur avec 273.

Et en dehors de ces deux grands Partis presque égaux, il y a les Irlandais qui sont 76, et qui, dans la lutte contre les lords, aideront les libéraux. Mais ils ne sont guère amis d'une éducation publique et populaire vraiment libre. Il n'y a donc pour le Parti libéral, s'il veut accomplir son œuvre, s'il veut faire aboutir la réforme fiscale qu'il a prise en mains, s'il veut faire aboutir la réforme constitutionnelle qui abaissera enfin devant la démocratie et le peuple la barrière de l'aristocratie foncière, la chambre des lords, il n'y a qu'une ressource c'est l'appui, le concours des 40 représentants du *Labour Party*.

Ceux-là, ils auront à résoudre le plus délicat problème : Ne pas faire avorter par une intransigeance outrée l'œuvre de réforme fiscale et démocratique qui est entreprise ; et d'autre part bien faire sentir aux libéraux que jusque dans cet effort commun ils gardent leur liberté d'action et d'esprit.

Quel compliqué problème, et qui aura besoin de cette pleine liberté d'esprit que le socialisme international affirme partout !

En Allemagne, malgré l'effort de discipline capitaliste qui a été fait envers la démocratie allemande, il y a en elle une admirable diversité : rigueur des principes et en même temps souci de l'action, méthode plus variée des socialistes des états démocratiques du Sud, et demain l'effort des socialistes de Prusse pour conquérir, avec le suffrage universel à l'élection du *Reichstag*, un commencement de démocratie.

Ainsi partout dans le monde je vois la démocratie socialiste internationale élevant la lumière de son idée, et sous la lumière de cette idée, dans le chemin éclairé par cette lumière, travaillant à l'œuvre de chaque jour, aidant au développement des libertés politiques et des premières réformes sociales.

Et ceux qui disent qu'ils restent encore du Parti Socialiste, ceux qui affectent de se détourner de nous sous prétexte que nous sommes un parti de formules rigides, ceux-là se trompent ou vous trompent. Oui, nous sommes un parti de principes, d'idées, de conscience, nous sommes un parti qui appelle sur ses actes le contrôle du prolétariat. Nous sommes un parti qui ne veut pas que ses militants s'isolent dans les tentations de leur ambition ou de l'orgueil.

Nous disons aux prolétaires : pour que vous puissiez con-trôler vos mandataires, ne soyez pas une poussière qui ne s'agglomère que tous les quatre ans au souffle incertain des passions électorales, soyez un bloc permanent de volontés organisées.

Mais en même temps qu'il est un parti d'action, de pen-sée vivante, le Parti Socialiste, quoiqu'en disent ses contra-dicteurs, ses diffamateurs, est un parti républicain, j'ose dire qu'il est le vrai parti républicain, j'ose dire qu'il est le parti le plus passionnément, le plus entièrement républicain.

La République vaut comme l'éveil des consciences, com-me une illumination des esprits ; et je vous demande quel est le parti qui redoute le moins les consciences éveillées et les raisons libres ? Tous les autres partis ont des domaines clos, des questions réservées. Les vieux partis traditionnels conservateurs, c'est le dogme qu'ils refusent aux investiga-tions des hommes : le temple est fermé et la raison humaine ne peut entrer à l'heure de midi, par peur qu'elle fasse entrer avec elle dans l'obscurité des profondeurs mystérieuses, la clarté du jour.

Le parti radical, le parti de la république bourgeoise a pendant longtemps permis à la raison humaine de s'aventu-rer dans le domaine religieux, de soumettre à son enquête les dogmes, les croyances du passé. Mais, dès que la raison a voulu s'attaquer au problème de la propriété, dès que c'est le Dieu Capital que le libre examen du prolétariat a soumis à son enquête, alors, ou par les répressions ou par les calom-nies on a essayé de décourager cette enquête. Si la raison ouvrière et prolétarienne, en se développant, menaçait le privilège du capital, une inquiétude prenait la bourgeoisie devant cette croissance de la raison ouvrière Eh bien, pour le socialisme, il n'y a pas de domaine réservé, de questions closes, de portes interdites. Nous disons aux hommes : La liberté d'esprit, la liberté d'examen que l'humanité consciente a conquise par des siècles de recherches, par des siècles de sacrifices, usons-en non seulement pour fouiller les mystères du surnaturel mais pour fouiller les mystères de la propriété bourgeoise, pour examiner les privilèges sur lesquels elle se fonde, avec la pensée et l'ambition d'en préparer la grande formation.

C'est par là, citoyens, que le parti socialiste a le droit de dire qu'il est essentiellement, passionnément républicain. Avec cette force de la république politique prolongée par lui, élargie par lui en république sociale, avec cette double force de l'idée et de l'action dont je parlais tout à l'heure, j'ai l'assurance que longtemps, patiemment mais avec certitude il marche à la conquête du monde.

Ah, citoyens, pas d'illusions entre nous socialistes, pas de fanfaronnades devant l'adversaire, nous n'en sommes encore qu'au début de notre tâche, au commencement de notre effort.

Ce n'est pas peu de chose ce qui a été fait déjà : Un million de citoyens groupés aux élections dernières sur des affirmations nettement socialistes, c'est déjà une grande chose. C'est difficile de faire accepter aux hommes la formule d'une société nouvelle ; il est difficile de la faire accepter aux classes privilégiées que cette formule menace Et c'est à peine si de loin en loin, parmi les privilégiés, l'idéal va conquérir quelques consciences d'élite.

Mais ce n'est pas seulement aux privilégiés d'aujourd'hui qu'il est difficile de faire entendre, comprendre, accepter la formule de l'ordre nouveau; il est difficile de la faire entendre aussi aux accablés, aux exploités de l'ordre social présent.

Ah! les sociétés d'injustice! elles ont, inconsciemment peut-être un art admirable pour se faire accepter de ceux-là même qu'elles exploitent. Elles les façonnent, elles les pétrissent elles les déforment, les courbent si bien sous le poids des habitudes que l'esclave plié sous sa loi n'a le plus souvent la force de se relever : voilà l'esclave antique tournant sa meule ; il s'habituait si bien à la tourner qu'il se demandait parfois, le jour où il ne la tournerait plus ce qu'il ferait de ses bras.

De même, le capitaliste a fini par persuader à des millions de salariés que le travail s'arrêterait, que la vie s'arrêterait le jour où le travail serait devenu libre, où les travailleurs eux-mêmes seraient assez éclairés, conscients, organisés pour être les propriétaires de l'outil de travail.

C'est déjà une grande chose d'avoir groupé un million de citoyens sur le programme du socialisme. C'est une grande chose d'avoir un parti de 60 à 70.000 militants, assidus, cotisants, qui sont comme le ressort central de ce vaste groupement électoral. Chiffre modeste encore, insuffisant, dérisoire, si nous le comparons à la grosse masse des travailleurs socialistes organisés d'Allemagne.

Mais lorsque malgré tout je vois que dans tous les groupes la libre discussion est instituée, lorsque je vois qu'à la veille de nos congrès nationaux, dans nos fédérations, sont discutés les problèmes et que nos congrès ne les résolvent qu'après une première délibération des militants dans leur groupes, quand je vois circuler, d'un bout du pays à l'autre par les canaux de nos organisations fédératives, à la fois la vie de la pensée, la vie de l'esprit, la vie de la volonté, je dis que nous obtiendrons un résultat incomparable quand nous aurons vu doubler notre force actuelle de groupement et d'organisation.

Citoyens, après tout c'est peu de chose, car nous ne nous proposons pas seulement d'être un Parti entre les Partis, nous ne nous proposons pas d'être une force mêlée à toutes les combinaisons de toutes les forces, nous voulons devenir la nation. On dit que nous avons l'esprit de coterie, de secte ! Comment l'aurions-nous, puisque nous voulons préparer peu à peu une nouvelle économie sociale dans laquelle tous les hommes, tous les individus humains auront leur place. Cette nation, nous voulons la conquérir, la persuader, la conquérir et l'organiser tout entière, oui tout entière.

Nietzche disait un jour qu'à l'exception de 200 000 oligarques, de 200 000 capitalistes de haute taille, tous les citoyens dans la nation d'aujourd'hui étaient intéressés à la victoire des socialistes.

Or, ce ne sont pas seulement les prolétaires de l'usine auxquels sera restituée la part de leur travail que le capitalisme leur dévore aujourd'hui, ce ne sont pas seulement les ouvriers des ateliers, de l'industrie, qui auront une rémunération plus large, une dignité plus assurée, et une plus haute liberté, ce ne sont pas seulement les travailleurs des champs, c'est une petite et moyenne bourgeoisie qui souvent a peur de nous, nous déteste et qui souffre aujourd'hui, qui vit dans l'incertitude, l'angoisse, prise entre la force du prolétariat qui s'organise et la force du grand capital qui la menace d'une lente expropriation.

Petits bourgeois attendant avec douleur et inquiétude l'heure de l'échéance, moyens bourgeois, moyens industriels qui se demandent si leurs ouvriers ne vont pas faire grève et si leur banquier ne va pas fermer ses guichets, moyens commerçants qui voient grandir sur eux comme un spectre colossal le grand magasin, le grand bazar qui envoie au loin pour mieux les envelopper ses succursales, toutes ses annexes, ses innombrables petits bazars, ces maisons d'épicerie qui vont dans tous les villages comme pour en préparer la ruine et la disparition, eh bien, à tous ceux-là, nous apportons la sécurité sous des formes nouvelles.

Je vous dirai même que, aux deux cents mille privilégiés le socialisme apporterait une vie plus humaine et une joie plus haute.

Il vient une heure où ce n'est plus sans inquiétude et sans souffrance qu'on est le bénéficiaire d'un privilège tous les jours plus menacé ; il vient une heure où les classes privilégiées éprouvent la fatigue intérieure de leur priviléges.

La noblesse de l'ancien régime, à la fin du XVIIIe siècle, a mal lutté, elle a même au début aidé à la révolution qui commençait. Pourquoi ? parce qu'elle commençait à être envahie par le doute d'elle même, parce que dans la lumière révolutionnaire du siècle nouveau elle commençait à s'apparaitre comme une injustice vivante.

Ah ! je sais bien de quels moyens disposent les capitalistes d'aujourd'hui, il ont leurs soucis d'affaires, leurs inquiétudes, la bataille à livrer contre le rival, car il y a bataille entre les nobles du capital, chacun cherchant à devenir le roi ; ils ont des rouages de la machine à surveiller, ils ont l'orgueil du tyran, oui, ils ont tout cela.

Mais cependant quand ils s'aperçoivent eux-mêmes, isolés là-haut sur les sommets de la fortune insolente vers lesquels montent les orages, quand ils regardent les multitudes inépuisables qui s'organisent, qui font monter vers eux un cri de douleur et de révolte, quand ils voient tout cela, le monde qui se disloque comme pour laisser passer la promesse d'un monde nouveau, je sens en eux une inquiétude qui se traduit souvent par des brutalités doublées de répressions ; mais ces brutalités sont le désarroi d'une conscience que commence à pénétrer le sentiment d'un ordre nouveau.

Voilà comment vous pouvez voir partout dans l'ordre bourgeois d'aujourd'hui les signes de fléchissement, voilà pourquoi vous pouvez constater partout, jusque dans les milieux qui paraissent les plus réfractaires, une infiltration croissante de la pensée socialiste.

Contraste insuffisant

NF Z 43-120-14

Je ne peux plus depuis quelques années ouvrir un livre, même les livres de nos adversaires sans y trouver la confirmation de nos paroles et des aveux qui répondent à leur pensée.

La concentration capitaliste que les socialistes ont signalée, on a essayé quelquefois de la contester. Je sais bien qu'elle ne se manifeste pas sous la forme simple et élémentaire que quelques-uns parfois ont imaginée. Les petites boutiques ne disparaissent pas entièrement. Il est même de toutes petites industries nouvelles que font surgir les grandes industries comme la grande industrie de l'automobile qui fait surgir dans les villages sur le passage des automobiles les petits ateliers de charronnage et de réparation.

Si vous comparez l'activité économique, la puissance de production des grandes usines capitalistes avec les petits ateliers subsistants, vous verrez que nous avons raison de dire que la puissance économique, industrielle, va se concentrant de plus en plus.

Croyez-vous que ce sont aujourd'hui les chevaux qui font les grands transports? Les chemins de fer, les autos, le métropolitain n'ont pas diminué le nombre des chevaux, mais comparez ce que transportent de marchandises les chevaux avec ce que transportent les chemins de fer de voyageurs et de marchandises, les automobiles, les chemins de fer départementaux et le métro ; c'est de la même manière que la petite industrie subsiste.

Eh bien ! ces vérités, nos adversaires sont obligés de les reconnaître, d'avouer les faits nouveaux de concentration qui s'ajoutent aux faits connus que l'analyse socialiste a dénoncés. Depuis que nos maîtres, Vaillant et Guesde, ont commencé leur propagande et signalé la concentration grandissante, à la concentration technique proprement dite est venue s'ajouter la concentration des trusts et des cartels, et cette concentration nouvelle est couronnée par la grande concentration financière.

Ce sont les établissements de crédit qui emmagasinent les milliards de l'épargne publique qui en disposent à leur gré pour les placements qu'ils veulent, pour les affaires qu'ils veulent et qui commencent par de magnifiques pourboires, par de scandaleuses commissions à prélever, sur les naïfs qui prennent ces valeurs, le plus clair des bénéfices futurs.

En sorte que la concentration banquière fonctionnant en régime capitaliste crée une double couche d'exploités. Tout au bas ce sont les prolétaires sur lesquels on prélève un salaire, le bénéfice va à qui ? Est-ce qu'il va aux moyens bourgeois détenteurs des actions ? Il est allé bien souvent à l'émetteur des actions, à celui qui les a lancées sur le marché En sorte que le régime capitaliste est un régime d'exploitation à deux degrés : les travailleurs sont exploités par les actionnaires qui sont exploités à leur tour par les banques.

Ce régime, il n'y a plus dans aucun pays du monde un seul être pensant qui ne l'avoue ; et c'est là aussi la légende qui représente la France comme un pays d'égalité sociale au point de vue de la répartition des fortunes.

Il y a quatre ans, j'ai porté à la tribune du parlement dans le débat que nous avions engagé avec l'ancien président du Conseil, j'ai porté des tableaux de successions qui indiquent bien la répartition du capital en France. Vous savez comment on calcule la fortune totale de la France.

Tous les ans, les valeurs successorales laissées par les mourants sont déclarées à l'enregistrement.

En multipliant les valeurs déclarées tous les ans par la période d'une génération, on obtient la fortune totale de la France. Ainsi, en multipliant les 6 milliards de successions déclarés par année par 35 ans, on obtient pour la fortune totale environ 220 milliards.

Et comme le tarif de l'impôt appliqué aux successions varie selon le chiffre des successions, l'Enregistrement connaît et publie la répartition des fortunes.

Eh bien, citoyens, à l'aide de ces éléments il est établi avec certitude que sur les 30 millions de français dans ce pays d'égalité, il y en a au moins 10 millions qui ne possèdent rien, absolument rien. Il y en a 10 millions qui possèdent les valeurs actives et il y a 200.000 titulaires représentant environ 800.000 personnes qui, à elles seules, détiennent 140 milliards sur les 220. Ces 200.000 personnes font plus qu'équilibre au point de vue de la possession du capital à l'ensemble de la nation française. Ces chiffres, ils sont bien avoués, reconnus. La disproportion sociale est proclamée par tous.

Eh bien ! quand une société est obligée d'avouer que son mécanisme social aboutit là, elle est bien obligée de reconnaitre bientôt qu'elle est condamnée à disparaitre, à se transformer.

Voilà pourquoi nous ne désespérons pas, quoique nous ne soyons encore qu'un bataillon d'avant-garde, nous ne désespérons pas par la force de la vérité, de conquérir progressivement et certainement la nation tout entière. Et en attendant l'heure où elle sera venue tout entière à notre idée, voici que l'action du socialisme, du prolétariat a obligé peu à peu les autres partis à inscrire à leur programme des réformes qui étaient bafouées comme des utopies.

On parle aujourd'hui de la réforme fiscale, de l'impôt sur le revenu qui n'a commencé à prendre une forme parlementaire que depuis que le socialisme s'en est emparé.

On parle aujourd'hui de la limitation de la journée de travail. Il y a trente ans seulement, on considérait comme une hérésie économique de demander à la loi d'intervenir pour protéger non seulement les enfants et les femmes, mais les hommes adultes. C'est la formule de la journée de huit heures laissée par nos maitres, par nos éducateurs socialistes, qui a déterminé le mouvement qui oblige aujourd'hui le Sénat à voter la journée de dix heures pour les hommes dans les ateliers mixtes. Ce n'est qu'une étape dans le mouvement et la nouvelle législation nous mènera à la journée de huit heures.

On parle d'assurance sociale, on discute les retraites ouvrières, on annonce l'assurance contre le chômage. Il y a trente ans, quelques groupes socialistes osaient déclarer que le devoir de la société était de prendre à son compte les vieux travailleurs épuisés. Ah ! on nous raillait alors.

Un des meilleurs, des plus probes démocrates du parti radical disait à la fin de l'Empire : ce n'est qu'un rêve, une impossibilité. En 1883, dans le débat social engagé entre J. Ferry et Clémenceau, M. Clémenceau disait : Nous savons bien qu'il est impossible d'assurer par la loi une retraite aux vieux ouvriers.

Je le répète, il n'y avait que quelques socialistes qui proclamaient alors ce devoir. Et maintenant l'assurance sociale commence à être inscrite au programme de tous les partis.

Lambeaux par lambeaux, étapes par étapes, réformes insuffisantes d'abord, élargies ensuite, nous imposerons l'assurance sociale intégrale, et de même nous obligerons les radicaux bourgeois à parler de la reprise sur les capitalistes de quelques grands services monopolisés. Nous les reprendrons, non pas pour les centraliser, mais pour les gérer par les représentants associés de la nation et de l'organisation ouvrière elle-même.

Ainsi, partout, toute la moisson qui lève à cette heure dans les sillons, la moisson qui commence à pointer toute débile encore et comme dissimulée sous la lourde motte de terre, toute cette moisson, c'est le socialisme qui en a semé le germe dans les sillons. Et nous obligerons les autres partis à se transformer, à adopter successivement les parties toujours plus audacieuses de nos programmes.

Ou plutôt, quand la démocratie républicaine aura vu que c'est du socialisme que viennent la force de pensée, la force de mouvement, la force d'impulsion, elle dira : c'est le Socialisme qui doit prendre dans la nation tout entière la direction de ce mouvement.

A l'heure où nous parlons, la démocratie gouvernementale est acculée en Europe. Partout les sociétés commencent à se heurter à des difficultés insolubles. En Angleterre, déficit de 500 millions. En Allemagne, déficit de 600 millions. Pourquoi ? Parce qu'il a fallu trouver à la fois quelques millions pour des œuvres sociales et beaucoup de millions pour les dépenses militaires.

Eh bien, devant les mêmes difficultés la démocratie française va être obligée demain à un grand effort. Cachin vous disait : Le Parlement ne votera pas 200 millions avant les élections, il sera obligé de les voter après. Oui, et davantage, davantage surtout s'il veut réaliser un programme étendu d'assurance sociale. Alors je dis que les partis gouvernementaux seront acculés et qu'il faudra ou qu'ils sombrent dans l'impuissance avouée, dans le déficit avoué, ou il faudra qu'ils prennent leur élan pour une œuvre de réforme dont le socialisme seul aura le courage et la vigueur.

Ces 3 à 400 millions d'impôts nouveaux qu'il faudra créer

demain, où les trouvera-t-on ? Il faudra bien se décider aux grandes réformes fiscales, il faudra bien se décider à reprendre aux capitalistes une partie du domaine national sur lequel ils ont mis la main.

Il faudra bien se décider à disputer toutes ces forces des rivières, des torrents, des fleuves qui se transforment chaque jour en force d'électricité, de lumière, de mouvement, qui font de plus en plus grandir l'industrie des hommes. Sources admirables de richesses ! Œuvres de production que nous n'aurions pas dû laisser capter par le capitalisme voleur !...

On dit que nous sommes des hommes de rapine. Pourquoi ? Parce que nous voulons faire rentrer au domaine public, ramener dans les mains du travail les richesses que le travail a produites. Mais, du moins, bourgeois qui nous écoutez, si vous avez quelque prévoyance, quelque esprit de mesure, si vous voulez que la colère du peuple ne rende pas impossibles les ménagements et les transitions que la sagesse socialiste pratiquerait, au moins ne prenez pas, ne dérobez pas sous les yeux du peuple maintenant averti, les nouvelles sources de richesses que vous n'avez pas créées puisqu'elles jaillissent de la terre, puisqu'elles sont la blanche neige, fondue, qui va descendre des sommets en lumière et en force.

Je dis qu'il faudra bien alors qu'on se décide à une œuvre vigoureuse de réforme et d'action et je dis qu'il faudra bien aussi avoir le courage de regarder en face la monstruosité de ce régime de la paix armée qui, aujourd'hui, inquiète et ruine le monde.

Nous pouvons la reprendre sans compromettre la sécurité de la France, nous pouvons réaliser dans l'ordre militaire de sérieuses économies, créer une force française défensive organisée avec les modifications correspondantes à des différences d'habitude, mais une force défensive française organisée selon le modèle de l'admirable armée suisse dont l'état-major allemand et le général français, le Général Langlois, proclamaient la haute valeur.

Une armée française organisée sur ces bases populaires nous coûterait au moins trois cents millions de moins par an et la force défensive du pays serait plus grande. Je me suis permis de dire l'autre jour au Parlement que le service de deux ans était à bout de souffle. C'est une vérité que je maintiens. Il a un double vice. Les effectifs des unités instruites dans les casernes sont tous les jours trop maigres. L'arrêt de la natalité française ne permet pas de garnir d'hommes toutes les unités multipliées dans les casernes. C'est aussi les effectifs trop maigres que l'on a essayé un moment de combler avec les infirmes, les demi-valeurs, les soldats que l'on versait dans les services auxillaires mais qui sont un encombrement.

On comptait sur les engagés volontaires ; il en est venu. Mais comme 3 sur 4 des engagés se révèlent des hommes qui n'ont adopté la vie militaire que parcequ'ils se sentent incapables de la vie civile.

Ce n'est pas un propos d'ironie, c'est la constatation publique des meilleurs et des plus clairvoyants officiers.

On est en train de voter une loi pour exclure des régiments, pour les envoyer dans les compagnies de discipline en les qualifiant d'apaches, les hommes qui auraient subi une condamnation, et tout cela, parce que deux soldats ont commis un crime. Mais ces deux soldats n'étaient pas des repris de justice, c'étaient des volontaires de la catégorie dont je vous parlais, en sorte que la plupart des officiers demandent qu'on ne compte pas trop sur cette source de recrutement.

Voilà que l'effectif de ces unités va devenir de plus en plus dérisoire. C'est de plus en plus comme une armée coupée en deux : comme il y a d'un côté l'armée de caserne à laquelle les officiers attachent la plus grande importance et comme il y a d'un autre côté l'armée de réserve que les officiers généraux considèrent comme négligeable.

Au jour de la mobilisation on compte si peu sur les réserves dans les hautes sphères de l'armée, qu'on mobilise d'abord pour les grands chocs seulement 5 classes sur 12 et on se réserve de faire entrer ces 7 dernières classes, c'est-à-dire les hommes admirablement vigoureux de 28 à 35 ans quand l'armée de première ligne aura été écrasée faute d'un nombre suffisant.

Je dis qu'à l'heure actuelle la défense nationale n'est pas assurée au maximum. Vous serez obligés pour des raisons de budget et de patriotisme d'aboutir à l'organisation populaire des milices, à l'organisation populaire de l'armée, a un système qui, au lieu d'immobiliser pendant deux ans dans un stérile rabâchage de manœuvres toujours les mêmes, au lieu de les immobiliser pendant deux ans, vous ne les retien-drez que deux, trois, quatre ou cinq mois et vous réserverez pour les exercices, pour les manœuvres, pour l'éducation du tir, de la marche, vous réserverez pour cela votre effort.

Et vous aurez avec tous les hommes de 20 à 35 ans une admirable armée homogène, avec des unités pleines, avec des effectifs sérieux, avec la confiance dans les chefs à la nomi-nation desquels les soldats eux-mêmes concourront : vous aurez une véritable force défensive qui se dresserait contre l'ennemi si le pays, après avoir offert l'arbitrage à l'agresseur se trouvait acculé à la guerre. Vous aurez ainsi une force défensive unanime, mais qui se dresserait contre le gouver-nement s'il voulait déchaîner des guerres injustes.

Il faut que la nation ait confiance en elle-même, et elle n'aura pas cette confiance si elle n'a pas confiance dans le socialisme qui est dès maintenant sa force d'impulsion, sa force d'idéal, sa force d'entrainement.

Nous venons de passer trois années à la fois agitées et stagnantes, et je sais bien quelle est dans cette sorte de stérilité brouillonne la grande responsabilité personnelle de l'ancien chef du Gouvernement ! Il avait plus de génie pour l'épigramme que pour l'action. Eh bien, je n'en veux pas dire davantage, non pas que je réserve quelque flèche de mon carquois pour de nouvelles rencontres avec lui, je crois que nous n'aurons plus cette occasion de nous rencontrer ! Je veux dire que quelle que soit sa part personnelle de responsabilité, il serait injuste de la faire porter tout entière sur lui. La vérité, c'est que c'est le parti radical qui, au lendemain de l'effort de libération laïque auquel le socialisme a collaboré, s'est trouvé incertain, hésitant, sollicité entre sa clientèle bourgeoise et son reste de clientèle ouvrière.

Devant les problèmes fiscaux, sociaux, internationaux et dans la période incertaine et stérile nous n'avons pu que veiller à empêcher le mal, nous n'avons pu que veiller à protéger la liberté des organisations ouvrières, la liberté civile des fonctionnaires. Nous n'avons pu que veiller à protéger la paix contre les surprises qui pouvaient naître de l'aventure marocaine.

Mais dans une démocratie active, à une démocratie comme est la démocratie française, qui a été soulevée il y a 120 ans par un grand souffle de révolution et qui est travaillée à cette heure par la force montante du prolétariat, pour cette démocratie ce n'est pas une œuvre négative, une œuvre existante qui peut maintenant convenir.

Il faut une œuvre résolue, audacieuse, pour la réalisation progressive d'un programme de réformes hardies, orientée tout entière vers l'entière libération sociale du travail. C'est pourquoi le Parti Socialiste avec sa force d'idéal, avec la vigueur de ses affirmations si claires est aujourd'hui la condition absolue de la vie, du mouvement de la puissance de la démocratie républicaine.

Ah ! citoyens, que de déclamations entre nous ! comme nous avons été qualifiés d'ennemis de la patrie, comme on nous a rendus parfois solidaires de quelques paradoxes outrés et comme on est injuste envers notre parti !

Si nous exercions sur les paradoxes, sur toutes les paroles qui peuvent surgir du prolétariat, si nous exercions sur tous ces propos une politique d'extermination et d'excommunication on dirait : Quel parti de sectaires ! Et on dit ; s'il n'excommunie pas tel autre, c'est qu'ils sont d'accord avec lui sur tous les points.

Eh bien, citoyens, nous ne voulons pas plus longtemps laisser la patrie aux exploiteurs de la patrie ; nous ne voulons pas plus longtemps que sous le beau nom de patrie tous les entrepreneurs d'aventures et les souteneurs de privilèges, cachent leurs exploitations et leurs rapines.

Mais la vraie patrie, la communauté nationale toute entière, groupe humain qui défendrait son indépendance pour défendre toutes les possibilités d'avenir qu'il porte en lui, cette patrie-là c'est la classe ouvrière qui est vraiment le mieux préparée à la défendre

Je dis : Travaillons pour le progrès social, travaillons à la grandeur morale de la patrie française.

Savez-vous ce que je reproche, ce que nous reprochons à la plupart des dirigeants, c'est qu'ils ont fait au nom de la France, depuis 35 ans, une politique de vaincus. Ils ont abdiqué les nobles audaces de pensée et de conscience qui conviennent à un peuple qui a pu être mutilé dans sa chair mais qui n'a pas été mutilé dans son âme ni dans son cœur.

Je n'ai pas un chauvinisme orgueilleux et je déteste ceux qui ne croient possible de glorifier la France qu'en diminuant la part de génie des autres peuples.

Je sais ce que l'Angleterre, avec ses initiatives de liberté, avec la puissance de son imagination pratique, avec la grandeur de son Parlement, avec la grandeur de son Shakespeare, de son Newton ; je sais ce que l'Allemagne, avec sa réforme, avec son Luther, avec son Gœthe, son Wagner ; je sais ce que ces pays ont donné à la civilisation humaine et je n'ai pas besoin de les abaisser pour faire la France plus haute.

Mais je sais aussi quelle est la part de puissance du génie français Je sais que notre peuple a été entre tous les peuples de l'Europe moderne, mûri un des premiers sous le soleil de l'histoire. Je sais qu'il a été un des premiers à vaincre la puissance d'unité qui forme les vastes développements de forces Je sais que parfois la France a abusé de cette sorte d'avance Elle en a abusé lorsque sous François Ier elle envahissait l'Italie alors divisée. Elle en a abusé lorsque sous Louis XIV elle luttait contre l'Allemagne. Elle en a abusé lorsque sous Napoléon Ier elle violentait la liberté espagnole, elle en a abusé en ces jours-là.

Aussi, que de fois elle s'est servi de cette force d'avance pour développer à travers le monde la puissance d'un génie vraiment universel. C'est ce qui a fait la gloire de cette grande époque classique du xviie siècle. C'est ce qui a fait la gloire de son grand xviiie siècle, lançant partout ses lumières de pensée libre, c'est ce qui a fait la gloire de sa Révolution française en son heure innocente tout au moins, c'est ce qui ferait sa gloire si on osait, reprenant cette tradition, opposer à tous les peuples la justice par la paix.

Vous le pouvez au nom de la France. Elle a été vaincue, mais elle est debout avec toutes les grandeurs de son histoire, avec toute la force de son génie.

Il ne vous manque à vous, français de la République bourgeoise, que d'avoir confiance en vous-mêmes, d'avoir confiance en la France nouvelle, en la France du peuple qui

devrait, comme nous le lui demandons, par dessus les frontières crier à tous les peuples : Unissons-nous dans la paix et
dans la justice.

Nous préparons par degrés tout ensemble l'universel
désarmement et le règlement de tous les litiges par l'arbitrage international. Mais pour cette œuvre encore une fois,
il faut que le pays donne sa confiance à ce socialisme qui a
le courage de traduire en langage d'avenir tout le génie le
plus glorieux du passé de la France.

Citoyens, quelle grande chose ce sera, le jour où tout un
peuple libre proposera la paix aux autres peuples! Ce jour-là,
ce sera la fédération des nations. Ce sera pour la première
fois depuis que la planète roule sous le soleil à travers les
jours et les nuits, ce sera l'organisation de l'humanité, non
pas d'une humanité uniforme, mais d'une humanité variée
par le libre génie des nations autonomes et fédérées. Ce
ne sera pas uniquement l'idée injuste, servile, que l'Empire
Romain étendit un moment sur le monde. Tout à l'heure, ce
matin, en votre musée des médailles, à votre Maison
carrée je regardais toutes ces monnaies romaines, toutes ces
monnaies de tous les peuples asservis par Rome, ordonnés
par elle et humiliés par elle. La pensée me venait et elle
doit venir à tous ceux qui réfléchissent à cette grandiose
histoire : Comment un tel empire a-t-il pu crouler ? Il a
croulé pour deux grandes causes : il était fondé sur la
conquête, il avait le mépris du travail et il n'avait pu avoir
même dans la paix une suffisante abondance de production.
Il a péri parce qu'il n'avait formé son unité colossale qu'en
bridant l'instinct d'indépendance des peuples qu'il a soumis
à sa discipline.

Eh bien, le monde nouveau, l'humanité nouvelle que prépare
le monde socialiste, que prépare le socialisme international,
cette humanité nouvelle, elle, n'aura pas les tares qui firent
sombrer l'Empire romain.

Elle sera fondée non pas sur le mépris du travail, mais
sur sa souveraineté, sur sa glorification ; non pas sur l'oppression d'une nation par l'autre.

Elle ne sera pas l'absorption de tous les peuples dans un
gigantesque appétit.

Elle sera la Fédération de nations vraiment libre de toute contrainte ; libre de la contrainte des partis à l'intérieur, libre de la menace du sabre, affranchie de la menace capitaliste. affranchie de toutes les tyrannies, de la tyrannie de l'argent, de la tyrannie du glaive, de la tyrannie du dogme. Alors, se rassembleront sous le ciel bleu, sous le soleil de l'universelle justice, toutes les forces de l'humanité réconciliée.

Nimes. — Imp. Coopérative L'OUVRIERE, rue Grizot, 4.